Inhaltsverzeichnis

I.	Einleitung	2
II.	Zweckmäßigkeit und Vorzüge der privaten Schiedsgerichtsbarkeit	3
III.	Schiedsabrede und Schiedsgutachtervertrag	5
IV.	Die Form der Schiedsvereinbarung	7
V.	Zulässigkeit und notwendiger Inhalt der Schiedsvereinbarung	10
VI.	Wirkung und Erlöschen der Schiedsvereinbarung	15
VII.	Schiedsrichtervertrag	16
VIII.	Die Vergütung des Schiedsrichters	19
IX.	Bestellung und Abberufung des Schiedsrichters	20
X.	Mustertexte	24
XI.	Ausgewählte Literatur	29

I. Einleitung

Schiedsgerichte sind private Gerichte, möglicherweise sogar die älteste und ursprünglichste Art der „Streitentscheidung"[1]. Ihre Bedeutung im grenzüberschreitenden Waren- und Dienstleistungsverkehr ist unumstritten; für den innerstaatlichen Bereich gilt im Grundsatz nichts anderes[2]. Die Tendenz, sich ihrer oder ähnlicher Formen – wie Schlichtungsstellen, Schiedsgutachter, Güte- und Schadensfeststellungsstellen – zu bedienen, wächst ständig, wird von Verbänden und Branchenorganisationen nachhaltig gefördert und staatlicherseits zunehmend als probates Mittel der „Justizentlastung" angesehen[3].

Der Gesetzgeber hat Schiedsgerichte als Form „privater Gerichtsbarkeit"[4] und damit den Verzicht auf den verfassungsrechtlich garantierten „staatlichen Richter"[5] ausdrücklich anerkannt. Dem erlassenen Schiedsspruch ist die Wirkung eines „rechtskräftigen gerichtlichen Urteiles" zugesprochen[6], und außerdem gibt der Gesetzgeber den Parteien die Möglichkeit, den Schiedsspruch mit staatlicher Hilfe „zwangsweise" durchsetzen zu lassen[7].

Das Vereinbaren einer Schiedsabrede ist demzufolge kein Abgehen von der gesetzlichen Norm, sondern das legitime Gestalten einer vom Gesetzgeber vorgesehenen, mit bestimmten Kautelen versehenen Möglichkeit[8].

---

1 Schwab/Walter, S. 4; zur Einordnung in den Begriff „Rechtsprechung" siehe Ramm, ZRP 1989, S. 137 ff.
2 Zur „Auswanderung" zentraler Bereiche des nationalen / internationalen Wirtschaftsrechts in die Schiedsgerichtsbarkeit siehe die Nachweise bei Raeschke-Kessler, FS Nirk 1992, S. 916. Besondere Bedeutung gewinnt die Schiedsgerichtsbarkeit zunehmend bei Verträgen zwischen Staaten beziehungsweise öffentlich-rechtlichen Körperschaften und privaten Unternehmen; nach Angaben des Sekretariates der internationalen Handelskammer Paris bezogen sich mehr als 30 % der vorliegenden Fälle auf derartige Verträge.
3 Zu den tragenden Gründen der Novellierung des Schiedsverfahrensrechtes vom 22.12.1997, siehe BT-Drucks 13/5274 beziehungsweise Schütze, S. 202 ff.
4 Durch die Aufnahme des schiedsrichterlichen Verfahrens „in die Zivilprozessordnung" (§ 1025 ff.).
5 Die verfassungsmäßige Zulässigkeit dieses Verzichtes ist unbestritten; im Einzelnen hierzu Geimer, Schiedsgerichtsbarkeit und Verfassung, 1994, S. 115 ff. (161, 170).
6 § 1055 ZPO – die Qualifikation ist indes nicht voll durchgeführt, denn dem Schiedsspruch fehlt die „Vollstreckbarkeit"; diese erhält er erst mit dem „staatlichen Prüfsiegel" der Vollstreckbarerklärung (§ 1060 ff.).
7 § 794 Abs. 1 Ziff. 4 a ZPO in Verbindung mit § 1060 Abs. 1 ZPO.
8 Die Schiedsgerichtsbarkeit findet ihre Grundlage in der „Privatautonomie"; zur verfassungsrechtlichen Garantie dieser privaten Schiedsgerichtsbarkeit siehe die Nachweise bei Schwab/Walter, S. 1, FN 3.

II. Zweckmäßigkeit und Vorzüge der privaten Schiedsgerichtsbarkeit

Die Vorzüge einer Entscheidung durch privaten Richterspruch – mithin einer Schiedsabrede – liegen nach allgemeiner Auffassung in der *sachgerechten, schnellen* und damit auch *kostengünstigen* Arbeitsweise dieser *nicht öffentlich* agierenden Gerichte.

Branchenkundige Fachleute[9], wie Spezialjuristen, Kaufleute, Wirtschaftsprüfer, Techniker oder mit bestimmten Handelsusancen vertraute Personen[10], können zu Schiedsrichtern bestellt werden. Das ist nicht einmal bei den Kammern für Handelssachen gewährleistet; dort können Handelsrichter mitwirken, die der betreffenden Materie völlig fremd gegenüberstehen[11].

Ein Weiteres kommt hinzu. Wer das stattliche Gericht anruft, muss zwangsläufig – so Schwab/Walter – „Recht von einer Person nehmen, die er nicht kennt". Demgegenüber kann die Entscheidung im schiedsrichterlichen Verfahren einer Person übertragen werden, die das *Vertrauen* der Parteien genießt und ob dieses Vertrauens – so die Ansicht der Betroffenen – auch „besser oder gerechter" entscheidet[12].

Die rasche Erledigung des Rechtsstreites ist ein weiterer Vorteil[13]. Schiedsrichter und Parteien haben das Recht zur *freien Verfahrensgestaltung*, und oft wird ein Schiedsgericht nur deshalb gebildet, um den gerade anstehenden Fall zu entscheiden. Wird vor einem ständigen Schiedsgericht verhandelt, so gewährleistet zumeist eine „straffe Prozessordnung", dass die angestrebte Entscheidung schnellstmöglich ergeht[14].

---

9 Streitigkeiten, zu deren Beurteilung eine spezielle Sachkunde – wie beispielsweise im Holzhandel die Kenntnis der „Teegernseer Gebräuche" – notwendig ist, eignen sich denn auch ganz besonders für schiedsgerichtliche Verfahren; gefragt und gesucht ist also der „Richter nach Maß" – zitiert nach Schwab/Walter, S. 5.
10 Die „Rechtsprechungsqualität" ist deshalb oft um ein Vielfaches besser, als die der staatlichen Gerichte, so Geimer, Vor § 1025, Rdnr. 3.
11 Die Beisitzer der Kammern für Handelssachen werden im Voraus nach einem festen Geschäftsverteilungsplan bestimmt (§ 108 in Verbindung mit § 21 e GVG).
12 Schwab/Walter a.a.O.
13 Das Schiedsgericht ist seiner Konzeption nach auf eine *rasche* Entscheidung angelegt; dies gilt allerdings nur dann, wenn auch alle Beteiligten – Schiedsrichter, Parteien und Dritte – mit diesem Ziel zusammenarbeiten. Schon die Bildung des Schiedsgerichtes kann beziehungsweise lässt sich ohne weiteres hinziehen; außerdem muss ein ad-hoc-Schiedsgericht die Termine nicht nur mit den Parteien und deren Anwälten, sondern auch stets mit sich selbst abstimmen. Hieraus resultieren mitunter ganz erhebliche Verzögerungen.
14 Die durchschnittliche Verfahrensdauer beträgt nach Angaben des Sekretariates der internationalen Handelskammer Paris 6 bis 8 Monate; bei „Qualitätsarbitragen" erfolgt eine schiedsgerichtliche Entscheidung schon nach wenigen Stunden; unter Umständen sogar im Telefonverkehr.

Eine natürliche Folge dieser Art des Prozessierens ist der sich daraus ergehende *Kostenvorteil*[15]. Das schiedsgerichtliche Verfahren beschränkt sich zumeist auf eine Instanz. Demgegenüber dauert – bei Ausschöpfen des Instanzenzuges – der Prozess vor staatlichen Gerichten oft mehrere Jahre und ist demzufolge für die Parteien mit erheblichen Aufwendungen an Zeit und Geld verbunden[16].

Außerdem ist die Tätigkeit des Schiedsrichters – ausgehend von seiner „Vertrauensstellung" – mehr auf Unterstützung, Hilfe und sachkundige Beratung angelegt denn auf Entscheidung[17]. Die Parteien sehen sich hier zumeist als notwendige Beteiligte einer „freundschaftlichen Vermittlung" und weniger als Gegner; sie stehen demzufolge einer vergleichsweisen Erledigung aufgeschlossener gegenüber, und die Ergebnisse eines schiedsgerichtlichen Verfahrens werden „mehr" gemeinsam getragen.

Die meisten Schiedsvergleiche und Schiedssprüche werden denn auch *spontan* erfüllt[18], während die Einleitung eines gerichtlichen Verfahrens

---

15 Zum Kostenvergleich zwischen Schiedsverfahren und dem Verfahren vor staatlichen Gerichten eingehend und mit zahlreichen Berechnungsbeispielen Schwytz, BB 1974, S. 673. Danach sind Schiedsgerichte infolge der Beschränkung auf eine Instanz in der Regel kostengünstiger. Dagegen Jagenburg, FS Oppenhoff 1985, S. 147 ff. (S. 164 ff.). Nach Gruber ZRP 1990, S. 172, sollten Klein- und Mittelbetriebe bei geringen Streitwerten den Weg der „internationalen Schiedsgerichtsbarkeit" aus Kostengründen nicht wählen.

16 Die Parteien sind selbstredend nicht gehindert, einen „Instanzenzug" zu vereinbaren; dies folgt aus der für das Verfahren geltenden Privatautonomie. Außerdem sind bei ständigen Schiedsgerichten zwei, mitunter sogar drei Instanzen nicht unbekannt (Schiedsgericht der Bremer Baumwollbörse – dreistufiger Instanzenzug).
Das Schiedsverfahren als solches – gleich ob mit einer oder mehreren Instanzen ausgestattet – ist aber im Sinne der Zivilprozessordnung ein „einheitliches Verfahren"; das heißt: nur der das Verfahren endgültig abschließende und im schiedsgerichtlichen Verfahren nicht mehr abänderbare Spruch ist Schiedsspruch im Sinne der Zivilprozessordnung, denn nur dieser kann gegebenenfalls für vollstreckbar erklärt werden; vgl. hierzu OLG Düsseldorf, BB 1976, S. 251; im Übrigen Geimer, § 1042, Rdnr. 46; zum Instanzenzug ausführlich Schwab/Walter, S. 234 ff.

17 Das Schiedsverfahren ist nach allgemeiner Ansicht ganz besonders für eine Beendigung durch „Vergleich" geeignet. Einigen sich die Parteien „außergerichtlich", dann endet das Verfahren eben ohne Schiedsspruch. Die Feststellung der Beendigung erfolgt dabei durch schiedsrichterlichen Beschluss (§ 1056 Abs. 2 Nr. 2 ZPO). Einigen sich die Parteien – mit oder ohne Zuziehung / Hilfe des Schiedsgerichtes – so können die Parteien einen *Schiedsspruch* „mit vereinbartem Wortlaut" (früher Schiedsvergleich) beantragen (§ 1053 Abs. 1 ZPO). Für dessen Form und Inhalt gelten die allgemeinen Regeln (§ 1054 ZPO); der Schiedsspruch hat – unbeschadet seines Vergleichsinhaltes – dieselben Wirkungen wie jeder andere Schiedsspruch zur Sache. Darüber hinaus wird – weil eben Schiedsspruch („Urteil") – seine Durchsetzung im Ausland erheblich erleichtert; vgl. hierzu amtliche Begründung zu § 1053 – Nachweis siehe FN 3.

18 Nach Gentinetta, S. 67 kommt es nur bei einem von tausend Schiedssprüchen des Schiedsgerichtes der Getreidehändler der Hamburger Börse zu Schwierigkeiten;

oft als „ehrenrührig" empfunden wird. Staatliche Gerichte verhandeln zudem *öffentlich*, was im Einzelfall durchaus mit Ansehensverlust, der Offenlegung von Geschäftsgeheimnissen oder der Privatsphäre verbunden sein kann[19].

III. Schiedsabrede und Schiedsgutachtervertrag

Die Schiedsgerichtsbarkeit ist von der Sache her „Rechtsprechung"; die Schiedsabrede mithin eine Vereinbarung, alle oder einzelne Streitigkeiten, die zwischen den Parteien in Bezug auf ein bestimmtes Rechtsverhältnis vertraglicher oder nicht vertraglicher Art entstanden sind oder künftig entstehen, der *Entscheidung* durch ein Schiedsgericht zu unterwerfen (§ 1029 Abs. 1 ZPO). Die Parteien wollen also, wenn sie eine Schiedsvereinbarung abschließen, eine Klärung durch „privaten" Richterspruch; oder anders ausgedrückt, der zum Schiedsrichter Berufene hat „endgültig und bindend" auszusprechen, was rechtens ist[20].

---

dies mag bei anderen Organisationen oder bei einer Gesamtbetrachtung etwas anders sein. Immerhin – und auch dies spricht für den Aspekt „Erfüllung" – werden rund 60% der Schiedsverfahren vor der Internationalen Handelskammer Paris durch Schiedsvergleich oder durch außergerichtliche Einigung abgeschlossen.
Unabhängig vom „guten Ton" laufen insonderheit Handelsleute, die nicht erfüllen Gefahr, dass sich ihre Berufskollegen weigern, mit ihnen weitere Verträge abzuschließen; außerdem behalten sich zahlreiche Fachverbände das Recht vor, den Namen des Nichterfüllenden *zu veröffentlichen* oder sogar den entsprechenden Fachverbänden im Ausland mitzuteilen. Eine noch wirksamere Maßnahme als die bloße Kundgabe des Namens sehen die „Deutsch-Niederländischen Verträge der Getreidehändler der Hamburger Börse" vor: danach tritt das Schiedsgericht bei Streitigkeiten, an denen der Nichterfüllende als Kläger oder Beklagter beteiligt ist, *überhaupt nicht in Tätigkeit,* sofern die Streitigkeit aus einem nach Bekanntwerden der Nichterfüllung geschlossenen Vertrag entstanden ist; weitere Beispiele bei Gentinetta, S. 68 ff.

19 Die „Vertraulichkeit" des schiedsgerichtlichen Verfahrens ist ein weiterer nicht zu unterschätzender Vorteil, und ohne Zustimmung der Parteien werden Schiedssprüche auch *nicht* publiziert. Von dem Schiedsrichter wird sogar erwartet, dass er über die Identität der Parteien Stillschweigen bewahrt; vgl. BGHZ 98, S. 32 ff. Deshalb eignen sich Schiedsabreden besonders für Angelegenheiten, die nicht allgemein publik werden sollen; beispielsweise für Auseinandersetzungen zwischen Gesellschaftern oder Ehegatten – vgl. hierzu die Nachweise bei Schütze, S. 9, FN 51, 52.

20 Der Schiedsrichter entscheidet – anstelle – des staatlichen Richters; deshalb ist der Schiedsspruch ein „urteilsgleicher" Akt, so die klassische Feststellung des Bundesgerichtshofes (BGHZ 65, S. 59, 61). Mit dem „Schiedsspruch" ist denn auch das Schiedsverfahren abgeschlossen (§ 1056 Abs. 1 ZPO); zu den Ausnahmen – Beendigung infolge des Verhaltens der Parteien – siehe die enummerative Aufzählung des Gesetzes (§ 1056 Abs. 2 ZPO).

Hierin – und nicht in der von den Parteien gewählten Bezeichnung – liegt denn auch der Unterschied[21]. Der Schiedsgutachter stellt vornehmlich „Elemente und Tatsachen" fest, das heißt: es kommt im Gegensatz zur Tätigkeit des privaten oder staatlichen Richters nicht zu einer definitiven, vollumfänglichen und endgültigen Streitentscheidung[22].

An der qualifizierten Bedeutung von Schiedsgutachterverträgen ändert sich dadurch nichts[23], zumal dem berufenen Schiedsgutachter neben der Ermittlung von Tatsachen auch deren rechtliche Einordnung übertragen werden kann, selbst dann, wenn die Beurteilung der Rechtsfrage gegenüber der Feststellung der Tatsache *vorgreiflich* ist[24].

Die Grenzen zwischen Schiedsgutachten und Schiedsabrede sind also fließend[25]. Deshalb wird man bei unklaren Formulierungen eine *Schiedsabrede* und nicht einen Schiedsgutachtervertrag annehmen müssen, wenn die Parteien eine Überprüfung der getroffenen oder zu treffenden Feststellungen durch ein staatliches Gericht ersichtlich nicht wollen[26].

---

21 Vgl. BGH, BB 1969, S. 463.
22 H. M.; vgl. Schwab/Walter, S. 8, Rdnr. 1 und Geimer, § 1029, Rdnr. 4 – jeweils mit weiteren Nachweisen.
23 Zum Beispiel bei der *Feststellung* eines Schadens, des ursächlichen Zusammenhangs zwischen einem bestimmten Ereignis und dem entstandenen Schaden; der *Ermittlung* des Wertes eines Grundstücks; der angemessenen Miete; der *Ermittlung* des Gesellschaftsvermögens – weitere Beispiele bei Schwab/Walter, S. 9, Rdnr. 2.
Darüber hinaus kann dem Schiedsgutachter auch die „Bestimmung der Leistung" oder – vornehmlich bei langfristigen Verträgen – deren *Anpassung* infolge veränderter Umstände übertragen werden – wie beispielsweise die Neufestsetzung des Miet- oder Pachtzinses.
Die *Qualitätsarbitrage* ist ein weiterer wichtiger Fall; hier sollen schnellstmöglich durch ein vertraglich oder handelsüblich geregeltes Verfahren etwaige Qualitätsmängel durch Schiedsgutachten festgestellt werden – vgl. beispielhaft die „Verfahrensordnung für Sachverständige des Waren-Vereins der Hamburger Börse e.V.".
24 BGH NJW 1991, S. 2761 – „Schiedsgutachten im weiteren Sinn"; sowie BGH NJW 1975, S. 1556; im Übrigen Geimer und Schwab/Walter, a.a.O.
25 Die Feststellungen des Schiedsgutachters sind denn auch in einem nachfolgenden Verfahren – sei es vor dem Schiedsgericht oder vor dem staatlichen Richter – grundsätzlich *bindend*. Die Nachprüfung beschränkt sich nach herrschender Meinung auf „offenbare Unrichtigkeiten" – analog § 317 ff. BGB beziehungsweise in Fällen des § 1059 ZPO auf das Prüfen eines „Aufhebungsgrundes"; vgl. hierzu die ausführliche Darstellung bei Schwab/Walter, S. 17 ff.
26 Im Zweifel also eine endgültige Streitentscheidung durch „privaten Richterspruch".

IV. Die Form der Schiedsvereinbarung

Die Entscheidung des Rechtsstreites durch den staatlichen Richter gilt als Regelfall; die Entscheidung durch „privaten Richterspruch" als Ausnahme. Deshalb verlangt der Gesetzgeber bei einem „Abgehen" das Beachten bestimmter Förmlichkeiten, wobei er zwischen Schiedsabreden im gewerblichen beziehungsweise nicht gewerblichen Bereich differenziert, das heißt *unterschiedliche* Formvorschriften beziehungsweise Formerleichterungen vorsieht (§ 1031 ZPO).

1. Schiedsvereinbarungen im nicht gewerblichen Bereich (§ 1031 Abs. 5 ZPO)

Der Gesetzgeber verlangt hier eine „besondere Form". Die Schiedsabrede muss in einer von den Parteien *eigenhändig* unterzeichneten Urkunde enthalten sein und darf auch *keine anderen Vereinbarungen* enthalten als solche, die sich auf das schiedsgerichtliche Verfahren beziehen[27]. Dadurch soll der „Verbraucher" – also eine Person, bei der das in Rede stehende Geschäft weder ihrer gewerblichen noch ihrer selbständig beruflichen Tätigkeit zugerechnet werden kann – darauf hingewiesen werden, dass das Abgehen von der staatlichen Gerichtsbarkeit „etwas Besonderes" darstellt. Die Formvorschrift hat also in erster Linie „Warnfunktion"[28]; erst in zweiter Linie ist sie Beweismittel.

a) Schiedsabreden im nicht gewerblichen Bereich bedürfen der *vollen Schriftform* und müssen von den Beteiligten *eigenhändig* unterzeichnet werden (§ 126 Abs. 1 BGB)[29]. Mechanische und/oder faksimilierte Unterschriften genügen also nicht; ebenso wenig ein Brief-, Telegramm- und/oder Telefaxwechsel[30]. Sind zwei gleichlautende Urkunden aufgenommen, so ist es allerdings ausreichend, wenn jede Partei das für die Gegenseite bestimmte Dokument unterzeichnet[31].

---

27 Die früher für alle Schiedsabreden mit Ausnahme bei Vollkaufleuten geltende Formvorschrift des § 1027 Abs. 1 Satz 1 ZPO a.F. finden also nur noch im „nicht gewerblichen Bereich" Anwendung.

28 Mit der „notwendigen Deutlichkeit" vor Augen zu führen – so die amtliche Begründung zu § 1031 Abs. 5 ZPO; Nachweise siehe FN 3; vgl. auch BGH, BB 1962, S. 1344 zur früheren Gesetzeslage: „Die Vertragsschließenden sollen sich nicht bloß des Abschlusses eines Schiedsvertrages, sondern auch dessen *Tragweite* (Verzicht auf den staatlichen Richter) bewusst werden ... (deshalb) ist über die Schriftform hinaus das *ungewöhnliche* Erfordernis einer besonderen Urkunde aufgestellt worden."

29 Zur „eigenhändigen" Unterschrift – ausführlich Förschler, Münchener Kommentar, Rdnr. 20ff. zu § 126. Die Unterschrift ist dabei so zu leiten, dass sie die Urkunde „räumlich" abschließt.

30 Vgl. Schütze, Rdnr. 101 und Schwab/Walter S. 51, Rdnr. 17.

31 § 126 Abs. 2 Satz 2 BGB.

b) „Andere Vereinbarungen" als solche, die sich auf das schiedsgerichtliche Verfahren beziehen, darf die Urkunde nicht enthalten. Mit der Unterzeichnung umfangreicher Vertragsdokumente, Vordrucke und/oder allgemeiner Lieferbedingungen kann und soll sich daher niemand einer mehr oder weniger versteckt gehaltenen Schiedsabrede unterwerfen können; der „Verbraucher" wird dadurch vornehmlich vor Schiedsabreden in allgemeinen Geschäftsbedingungen geschützt[32].

c) Das Formerfordernis der „besonderen Urkunde" geht aber nicht so weit, dass eine Schiedsabrede nur dann gültig wäre, wenn sie auf einen eigenen, vom Hauptvertrag getrennten Blatt, unterzeichnet wird. Es ist ausreichend und genügend, wenn die Schiedsabrede vom Hauptvertrag „getrennt aufgeführt" und von den Parteien neben dem Hauptvertrag „noch einmal" gesondert unterzeichnet wird.

d) Die vorstehend genannten Formvorschriften entfallen bei *notarieller Beurkundung* oder bei einem *gerichtlichen Vergleich*[33].

2. Schiedsvereinbarungen im gewerblichen Bereich

Der Gesetzgeber hat im gewerblichen Bereich Ausnahmen vom Erfordernis der „besonderen Urkunde" zugelassen[34]. Ausreichend und genügend ist danach jedwede Form, die den „schriftlichen Nachweis" einer Schiedsabrede ermöglicht[35].

a) Der Begriff des „gewerblichen Bereiches" ist vom Gesetzgeber nicht definiert, erschließt sich aber über die Formulierung des § 1031 Abs. 5 Satz 3 ZPO (nunmehr § 13 BGB)[36]. Danach können auch Minder- und/oder Nichtkaufleute sowie Freiberufler formerleichtert Schiedsvereinbarungen abschließen, sofern das Hauptgeschäft ihrer gewerblichen oder ihrer selbständigen beruflichen Tätigkeit *zugerechnet* werden kann[37].

---

32 Geimer, Rdnr. 35 zu § 1031; Schwab/Walter, S. 51, Rdnr. 18.
33 § 1035 Abs. 5 Satz 2, 2. HS. ZPO – danach kann im Hinblick auf die *Belehrungspflicht* des beurkundenden Notars auf das Erfordernis einer „Sonderurkunde" verzichtet werden; für die Gleichsetzung mit „gerichtlichem Vergleich" Schütze, Rdnr. 106 und Schwab/Walter, a.a.O.
34 § 1031 Abs. 1–4 ZPO.
35 § 1031, 3. AlT. ZPO.
Der im bürgerlichen Gesetzbuch geltende Grundsatz der Formfreiheit („Mündlichkeit") ermöglicht und erleichtert die ungehinderte Abwicklung des Massenrechtsverkehrs. Die früher für „Handelsgeschäfte unter Vollkaufleuten" bestehende Möglichkeit des *formfreien / mündlichen Abschlusses* ist nunmehr entfallen (vgl. § 1027 Abs. 2 a. F. ZPO); zu den Gründen unter Hinweis auf Art. II Abs. 2 UNÜ 1958 – „keine Rechtswirksamkeit mündlicher Schiedsvereinbarungen" – siehe amtliche Begründung zu § 1031; Nachweis FN 3.
36 Die Bestimmung wurde zwischenzeitlich wieder aufgehoben, siehe nunmehr § 13 BGB („Verbraucher").
37 Ergibt sich aus Umkehrschluss; § 13 BGB.

b) Die Schiedsabrede muss aber stets in einem von den Parteien *unterzeichneten* Schriftstück enthalten sein (§ 1031 Abs. 1, 1. AlT. ZPO)[38]. Weil das „Trennungsgebot" nicht gilt, kann das Schriftstück auch sonstige Vereinbarungen – insonderheit das Grundgeschäft – enthalten[39].

c) Die Schiedsabrede kann sich zudem aus der zwischen den Parteien geführten schriftlichen oder in sonstiger Weise *dokumentierten* Korrespondenz ergeben (§ 1031 Abs. 1, 2. AlT. ZPO). In Betracht kommt also neben den gängigen Formen wie Brief- und/oder Telegramm-, Telefaxwechsel auch der elektronische Datenaustausch[40]; entscheidend ist lediglich, dass die jeweilige Form den „Nachweis" der Schiedsabrede sicher stellt.

d) Zulässig ist ferner die sogenannte „halbe Schriftform"[41], sofern das Schweigen auf das übermittelte Schriftstück „nach der Verkehrssitte als *Zustimmung* zu dem schriftlichen Abschlussangebot anzusehen ist"[42]; das heißt: die Schiedsabrede kann – wie bisher auch – durch das Schweigen auf ein „kaufmännisches Bestätigungsschreiben" zustande kommen[43].

e) Letztendlich kann die Vereinbarung auch durch *Bezugnahme* auf andere Schriftstücke beziehungsweise frühere Verträge erfolgen, sofern diese eine Schiedsabrede enthalten, und die Bezugnahme selbst *Vertragsinhalt* geworden ist[44]. Hier ist denn auch Platz für die Einbeziehung allge-

---

38 Unterzeichnen durch „Bevollmächtigte" begegnet keinen Bedenken; ebenso beim Unterzeichnen durch „Vertreter ohne Vertretungsmacht", sofern deren Handeln genehmigt ist (wird).
39 Ergibt sich zwangsläufig („Umkehrschluss") aus § 1031 Abs. 5 ZPO.
40 Erforderlich ist aber das „Abspeichern", um den Nachweis zu gewährleisten; also „körperlich reproduzierbar und visuell wahrnehmbar" – zitiert nach Schwab/Walter, S. 45, Rdnr. 4; so auch Geimer, Rdnr. 7 zu § 1031.
Die Aufzählung des Gesetzes ist nur „beispielhaft" – so die amtliche Begründung zu § 1031, Nachweis FN 3.
41 § 1031 Abs. 2 ZPO – ausreichend und genügend ist danach „einseitige Schriftlichkeit", das heißt die Schiedsabrede muss in dem Schriftstück niedergelegt / dokumentiert sein.
42 Die amtliche Begründung verweist hier ausdrücklich auf Art. 17 Abs. 1c EuGVÜ – „in einer Form, die einem *Handelsbrauch* entspricht, den die Parteien kannten oder kennen mussten und den Parteien von Verträgen dieser Art in dem betreffenden Geschäftszweig allgemein kennen und regelmäßig beachten"; hierzu Geimer Anh. I Art. 17 GVÜ, Rdnr. 11 a.
43 Allgemeine Ansicht; siehe Schütze, Rdnr. 104; Geimer, Rdnr. 8 zu § 1031 sowie Schwab/Walter, S. 47, Rdnr. 8 – sämtlich mit weiteren Nachweisen.
44 § 1031 Abs. 3 ZPO – sind also die *grundsätzlichen Formerfordernisse* der Absätze 1/2 erfüllt, reicht eine „allgemeine Bezugnahme" aus, das heißt ein zusätzlicher (besonderer) Hinweis auf die Schiedsabrede ist nicht erforderlich.
Die Einbeziehung kann letztlich auch auf *Verkehrssitte / Branchenüblichkeit / Handelsbrauch* beruhen, sofern die Entscheidung durch Schiedsgerichte *in* dem betreffenden Handelszweig üblich ist; vgl. hierzu Geimer, Rdnr. 10 zu § 1031 sowie Schwab/Walter, S. 48, Rdnr. 10; mangels besonderer Umstände erfolgt die Einbeziehung dann – also wenn ein entsprechender Handelsbrauch besteht – auch ohne

meiner Geschäftsbedingungen oder richtiger, von *allgemeinen Geschäftsbedingungen, die eine Schiedsabrede* enthalten in das Vertragswerk, denn mit der Einbeziehung kommt die Schiedsabrede *rechtswirksam* zustande[45].

3. Formmangel und Einlassung zur Hauptsache
Die mangelnde Beachtung der vom Gesetzgeber vorgeschriebenen Förmlichkeiten, also beispielsweise das Fehlen der „Schriftlichkeit", der „Unterschrift" und/oder der „besonderen Urkunde", wird aber in allen Fällen durch das rügelose, vorbehaltlose Einlassen auf die schiedsgerichtliche Verhandlung zur Hauptsache geheilt (§ 1031 Abs. 6 ZPO)[46]. Die Einlassung erfolgt – für den Kläger – mit dem Antrag an das Schiedsgericht und mit dem in diesem Zusammenhang vorgeschriebenen Hinweis auf die von ihm behauptete Schiedsvereinbarung[47]; für den Beklagten, wenn er über die Begründetheit der reklamierten Ansprüche verhandelt hat, ohne die Unzuständigkeit des Schiedsgerichtes zu rügen[48].

V. Zulässigkeit und notwendiger Inhalt der Schiedsvereinbarung

Das bloße Beachten der vom Gesetzgeber vorgeschriebenen Form (§ 1031 ZPO) reicht indes nicht aus, um eine Schiedsabrede „rechtswirksam" zu begründen, das heißt: die Schiedsvereinbarung muss auch „in der Sache" zulässig sein.
1. Schiedsfähig sind zunächst einmal alle „vermögensrechtlichen" Ansprüche (§ 1030 Abs. 1 Satz 1 ZPO).

---

entsprechenden ausdrücklichen Hinweis; siehe Schwab/Walter, S. 48, Rdnr. 10 sowie BGH, NJW 1993, S. 1798.
45 Das Dokument – z. B. das kaufmännische Bestätigungsschreiben – muss durch den in ihm erhaltenen Verweis die allgemeinen Geschäftsbedingungen des Verwenders *zum Vertragsinhalt* machen; vgl. Schütze, Rdnr. 104; Schwab/Walter, S. 48, Rdnr. 9 und Geimer, Rdnr. 9 zu § 1031.
46 Die Einlassung bewirkt *rückwirkende* Heilung; war keine Schiedsabrede geschlossen, so kann durch Einlassung entweder eine neue (erste) oder eine geänderte Schiedsabrede zustande kommen.
47 § 1044 Satz 2 ZPO – aufgrund dieser gesetzlichen Festlegung wird der Schutz des Schiedsbeklagten nachhaltig verbessert.
48 Kein Einlassen ist die *Mitwirkung* bei der Bildung des Schiedsgerichtes und/oder die *Zahlung* eines Kostenvorschusses – § 1040 Abs. 2 Satz 2 ZPO –. Ebenso wenig heilt eine *vorsorgliche (hilfsweise) Stellungnahme* zur Hauptsache bereits den Formmangel; vgl. Schütze, Rdnr. 107, Geimer, Rdnr. 39 ff. a.a.O. sowie ausführlichst Schwab/Walter, S. 46 ff.

- Das frühere Postulat der „Vergleichsfähigkeit" ist entfallen; deshalb stehen die gesetzlichen Regelungen über Verfügungs-, Verzichts- und/oder Vergleichsverbote einer Schiedsabrede nicht mehr entgegen[49].
- Auch die ausschließliche Zuständigkeit bestimmter staatlicher Gerichte ist – per se – kein die Schiedsfähigkeit ausschließender Grund[50].
- Letztendlich ist die Schiedsfähigkeit auch nicht auf zivilrechtliche Ansprüche beschränkt, das heißt auch *entsprechende* Ansprüche im öffentlich-rechtlichen Bereich sind schiedsfähig[51].
2. Im Bereich der „nicht vermögensrechtlichen" Angelegenheiten bleibt es allerdings bei der Voraussetzung der „Verfügbarkeit" (§ 1031 Abs. 1 Satz 2 ZPO – „Vergleichsfähigkeit").
- Nicht schiedsfähig sind danach Ehe- und Kindschaftssachen sowie Angelegenheiten der „freiwilligen Gerichtsbarkeit", sofern es sich hierbei nicht um echte Streitsachen handelt[52]; ebenso ausgeschlossen sind – kraft Sonderregelung – Rechtsstreitigkeiten – die den *Bestand* eines „Wohnmietverhältnisses" zum Gegenstand haben[53].
- Schiedsfähig sind demgegenüber beispielsweise Insolvenzstreitigkeiten; Streitigkeiten zwischen einzelnen Gesellschaftern über die Feststellung der Wirksamkeit von Gesellschafterbeschlüssen inter partes oder ein Gegendarstellungsverlangen im Presserecht[54].
3. Die den Schiedsvertrag abschließende „Person" muss darüber hinaus über den Streitgegenstand verfügen können (subjektive Schiedsfähigkeit).
- Die Personen müssen also *voll geschäftsfähig* sein oder der gesetzliche Vertreter muss an ihrer Stelle handeln[55].
- Die vertragliche *Vollmacht* richtet sich dabei nach den Bestimmungen des bürgerlichen Gesetzbuches (§ 164 ff. BGB); trotz anwaltlicher

---

49 Zum Beispiel nach § 312 BGB, § 89b HGB, § 9b (§ 43) GmbHG – so ausdrücklich die amtliche Begründung zu § 1030 a.a.O.; weitere Nachweise bei Schwab/Walter, S. 36, Rdnr. 4.
50 BGH, BB 1996, S. 1074; ebenso die amtliche Begründung a.a.O.
51 „Soweit die Parteien über den Streitgegenstand einen öffentlich-rechtlichen Vertrag schließen können" – so die amtliche Begründung a.a.O.
52 Sogenannte „Statusverfahren"; im Einzelnen hierzu Geimer, Rdnr. 6 zu § 1030.
53 § 1030 Abs. 2 Satz 1 ZPO; der Gesetzgeber will dadurch den zum Schutz des Mieters festgelegten *Gerichtsstand* des § 29 a ZPO beibehalten – so die amtliche Begründung a.a.O. Die Klage auf Zahlung des *Mietzinses* (Erfüllung) berührt dieses Verbot allerdings nicht – weitere Einzelheiten bei Geimer, Rdnr. 20, 21 a.a.O.
54 So die ausführliche Darstellung bei Geimer, Rdnr. 9 ff. a.a.O. und die amtliche Begründung a.a.O. Danach soll die Schiedsgerichtsbarkeit „unter dem Gesichtspunkt einer Entlastung der staatlichen Justiz nicht mehr als unbedingt notwendig eingeschränkt werden".
55 Schwab/Walter, S. 30, Rdnr. 3.

Prozessvollmacht ist aber für den Abschluss der Schiedsabrede eine besondere Ermächtigung erforderlich[56].
- Gleiches gilt für den *Vormund* bei einem Streitwert von mehr als DM 5 000,00 beziehungsweise generell bei nicht vermögensrechtlichen Streitigkeiten (§ 1822 Nr. 12 BGB) sowie
- ganz allgemein für den *Insolvenzverwalter,* der für Schiedsabreden stets die Zustimmung des Gläubigerausschusses benötigt (§ 160 Abs. 2 Nr. 3 InSO).

4. Der vom Gesetzgeber vorgegebene „Mindestinhalt" einer jeden Schiedsabrede schreibt lediglich eine *Vereinbarung* dahingehend vor, die Streitigkeit der „Entscheidung durch ein Schiedsgericht" zu unterwerfen (§ 1029 Abs. 1 ZPO).
- Vorgegeben und verlangt wird danach die Übertragung der *Entscheidungskompetenz* vom staatlichen auf den „privaten" Richter oder anders ausgedrückt: das Schiedsgericht soll „anstelle" der staatlichen Gerichte entscheiden. Diese Festlegung muss aber *eindeutig* sein[57].
- Was den *Umfang* der Entscheidungskompetenz angeht, so können sowohl „einzelne oder alle" als auch „bestehende oder zukünftige" Streitigkeiten übertragen werden, wobei die konkrete Reichweite einer Schiedsklausel *großzügig* auszulegen ist[58].

Ausreichend und genügend ist danach bereits folgende Vereinbarung:
- Streitigkeiten aus dem Vertragsverhältnis ... (nähere Bezeichnung) ... werden unter Ausschluss des staatlichen Rechtsweges durch ein Schiedsgericht entschieden.

Die notwendige und gebotene Ergänzung erfolgt dann mittels der gesetzlichen Bestimmungen über die *Bildung des Schiedsgerichtes* (§ 1034 ff. ZPO) und nachfolgend des *schiedsgerichtlichen Verfahrens* (§ 1042 ff. ZPO).

5. Mit der Erfüllung des vorgegebenen „Mindeststandard" ist zwar dem Gesetz Genüge getan, den Parteien im Einzelfall aber nicht viel gewonnen, wenn sie die unbestreitbaren Vorzüge des schiedsgerichtlichen Verfahrens „vollumfänglich" nutzen und ihre Streitsache einem „Richter nach Maß" unterbreiten wollen. Diesem Wollen trägt der Gesetzgeber dadurch Rechnung, dass er den Parteien eine „weitreichende Regelungsbefugnis" zugesteht[59].

---

56 Geimer, Rdnr. 11 a.E. zu § 81 ZPO.
57 Einzelheiten bei Schwab/Walter, S. 21 ff.
58 Schiedsgerichtsbarkeit ist das *Wahrnehmen* einer vom Gesetzgeber vorgegebenen „Gestaltungsmöglichkeit", mithin kein eng auszulegender „Ausnahmefall" – siehe auch Schwab/Walter, S. 30. Rdnr. 19.
59 Z. B. § 1034 Abs. 1, § 1035 Abs. 1 ZPO – „Die Parteien können ..." oder § 1041 Abs. 1 ZPO – „Haben die Parteien nichts anderes vereinbart ...".

Empfehlenswerte (zusätzliche) Abreden sind danach[60]:

- **Der Umfang der Schiedsvereinbarung**
  Welche Ansprüche?
  Aufrechnung, Widerklage und/oder Zurückbehaltungsrechte?

- **Die Besetzung des Schiedsgerichtes**
  Einzelschiedsrichter oder Dreier-Schiedsgericht; welcher oder welche Schiedsrichter? Ersatzschiedsrichter bei Wegfall / Ablehnung? Das Bestellungsverfahren als solches, hier insbesondere Bestellung durch die Parteien, durch Dritte oder durch Organisationen?

- **Regelung über die Qualifikation der Schiedsrichter**
  Befähigung zum Richteramt?
  Techniker, Ingenieure, Sachverständige eines bestimmten Sachgebietes als Schiedsrichter? Nationalität des Schiedsrichters – wichtig bei grenzüberschreitenden Verträgen.

- **Anzuwendendes materielles Recht**
  Deutsches Recht, Lex mercatoria oder Billigkeitsentscheidung? Außerdem der Schiedsort, denn dieser entscheidet über das anzuwendende Verfahrensrecht (§ 1025 Abs. 1 ZPO) sowie die Verfahrenssprache (§ 1045 ZPO – sollte schon bei der Bestellung des Schiedsrichters mitbedacht werden).

- **Das Verfahren vor dem Schiedsgericht**
  Form und Inhalt der Klageschrift / Replik; Zulässigkeit der Klagänderung / Ergänzung (§ 1046 ZPO); Zulassung von Parteivertretern – Ausnahmeregelung für Rechtsanwälte (§ 1042 Abs. 2 ZPO); Art der Gewährung des rechtlichen Gehörs, schriftlich/mündlich (§ 1047 Abs. 1 ZPO); einstweiliger Rechtsschutz durch das Schiedsgericht ja/nein? (§ 1041 ZPO).
  Kostenentscheidung durch das Schiedsgericht ja/nein? (§ 1057 ZPO).
  Zuständiges staatliches Gericht, wichtig für die von ihm oder vor ihm vorzunehmenden Maßnahmen (§ 1062 ZPO); Verfahren nach Aufhebung des Schiedsspruchs oder Versagen der Vollstreckbarkeitserklärung (die Schiedsabrede bleibt zwar bestehen, indes müssen die Schiedsrichter neu bestellt werden – § 1059 Abs. 5 ZPO).

---

60 Hierzu eingehend Schütze, Rdnr. 111 ff.; Lörcher, Rdnr. 49 ff. und 85 ff.; Schwab/Walter, S. 53 ff. und Geimer, Rdnr. 32 ff. zu § 1029.

Die aufgeführten Beispiele sind vornehmlich bei einem Verfahren vor einem ad-hoc-Schiedsgericht „zu bedenken"; ist ein institutionelles Schiedsgericht vereinbart, so liegt im Regelfall bereits eine eigenständige und umfassende Verfahrensordnung vor.

Exkurs: Zur Frage der Kompetenz-Kompetenz
Der Gesetzgeber hat jetzt die Frage der Kompetenz-Kompetenz ausdrücklich normiert[61], das heißt: das Schiedsgericht entscheidet bindend
> über die *eigene Zuständigkeit* und in diesem Zusammenhang über das *Bestehen* oder die Gültigkeit der *Schiedsvereinbarung* (§ 1040 Abs. 1 Satz 1 ZPO).

Grundlage ist dabei *nur* die Schiedsabrede als solche, nicht aber der Hauptvertrag[62] – oder anders ausgedrückt – ein unwirksamer Hauptvertrag berührt die Wirksamkeit der Schiedsabrede nicht[63].
- Die Parteien müssen allerdings die mangelnde Zuständigkeit rügen; andernfalls tritt Zuständigkeit ein[64].
- Rügen, die den Umfang der Entscheidungskompetenz betreffen, sind darüber hinaus spätestens in dem Zeitpunkt zu erheben, in dem diese zur Erörterung gelangt[65].
- Verspätete Rügen werden nur bei gehöriger Entschuldigung zugelassen[66].

Das Schiedsgericht entscheidet durch *Zwischenschiedsspruch*, wenn es seine Zuständigkeit bejaht[67]; hiergegen kann binnen *Monatsfrist* die Entscheidung des staatlichen Richters beantragt werden. Der Gefahr einer Verfahrensverschleppung wird dadurch begegnet, dass das Schiedsgericht sein Verfahren fortsetzen und einen Schiedsspruch erlassen kann[68]. Verneint indes das Schiedsgericht seine Zuständigkeit, so weist es die Klage durch *Schiedsspruch* als unzulässig ab.

---

61 Unter bewusster Abkehr von der bisherigen BGH-Rechtsprechung (BGHZ 68, S. 356 = BB 1977, 911) – so die amtliche Begründung zu § 1040 a.a.O.
62 Hierzu Schwab/Walter, S. 41 ff.
63 Der „staatliche" Richter hat gleichwohl immer das „letzte Wort" (§ 1040 Abs. 3 Satz 2 ZPO).
64 § 1040 Abs. 2 Satz 1 ZPO.
65 § 1040 Abs. 2 Satz 3 ZPO.
66 § 1040 Abs. 2 Satz 4 ZPO – werden die Fristen unentschuldigt versäumt, so können die Rügen weder im schiedsgerichtlichen Verfahren noch später im Aufhebungs- und/oder Vollstreckungsverfahren geltend gemacht werden – so die amtliche Begründung a.a.O. – „Präklusionswirkung".
67 Vgl. hierzu Geimer, Rdnr. 8 zu § 1040 und Schütze, Rdnr. 122.
68 § 1040 Abs. 3 Satz 3 ZPO.

VI. Wirkung und Erlöschen der Schiedsvereinbarung

1. Die besondere Bedeutung der Schiedsabrede liegt im Ausschluss der staatlichen Gerichtsbarkeit; sie begründet eine „prozesshindernde" Einrede, wird also nur auf entsprechende Rüge – nicht aber von Amts wegen – beachtet (§ 1032 Abs. 1 ZPO).
   – Hauptvertrag und Schiedsvertrag sind auch in diesem Zusammenhang *getrennt* zu sehen. Der Beklagte kann sich also darauf beschränken, eine Schiedsabrede zu behaupten, ohne in irgend einer Weise auf den Hauptvertrag einzugehen[69].
   – Ist die Einrede begründet, so weist das staatliche Gericht die Klage durch Prozessurteil, mithin als *unzulässig* ab[70].
2. Der Einrede „mangelnder Zuständigkeit" kann verständlicherweise die Gegeneinrede des „arglistigen Verhaltens" entgegengesetzt werden, so beispielsweise, wenn der Kläger der zunächst selbst das Schiedsgericht angerufen, aber nach Abschluss des für ihn ungünstigen Verfahrens nunmehr vor dem staatlichen Gericht die Ungültigkeit der Schiedsabrede behauptet[71].
3. Für *Arrest- und einzelne Verfügungssachen* besteht jetzt eine „doppelte Zuständigkeit" (§ 1033 in Verbindung mit § 1041 ZPO)[72]. Die Schiedsabrede greift deshalb nicht durch. Ordnet in diesem Verfahren der staatliche Richter die „Klageerhebung in der Hauptsache" an (§ 926 ZPO), so ist diese – bei einer entsprechenden Vereinbarung – vor dem Schiedsgericht zu erheben[73].
4. Für Verfahren auf *Sicherung des Beweises* sind vor Einleitung des Schiedsverfahrens ausschließlich die staatlichen Gerichte zuständig; danach besteht wiederum „Wahlmöglichkeit"[74].
5. *Wechsel- und scheckrechtliche Ansprüche* sind zwar generell einer Schiedsabrede zugänglich[75]; der Gläubiger wird sich aber – sofern keine zusätzlichen konkreten Anhaltspunkte erkennbar sind – *nicht* der prozessualen Vorteile eines kurzen Wechsel- und/oder Scheckprozesses begeben wollen. Deshalb verbleibt es bei der Zuständigkeit der staatli-

---

[69] Die Einrede greift durch, selbst wenn der Beklagte die Hauptforderung nicht bestreitet; vgl. OLG Düsseldorf, MDR 1977, S. 762.
[70] Die Möglichkeit einer Verweisung an das Schiedsgericht besteht nicht; vgl. Geimer, Rdnr. 7 zu § 1032.
[71] Im Einzelnen mit weiteren Beispielen Schwab/Walter, S. 60.
[72] Die Parteien haben die Wahl – so ausdrücklich die amtliche Begründung zu § 1033 a.a.O.
[73] Schwab/Walter, S. 65, Rdnr. 13.
[74] Schwab/Walter a.a.O., Rdnr. 14.
[75] Vgl. BGH, NJW 1994, S. 136; ergänzend Geimer, Rdnr. 10 zu § 1032.

chen Gerichte oder anders ausgedrückt: das Schiedsgericht ist lediglich für das „Nachverfahren" zuständig[76].

6. Die Schiedsabrede *erlischt* im Regelfall durch „Zweckerreichung", mithin bei Erlass eines formell wirksamen, den Erfordernissen des § 1054 ZPO genügenden *Schiedspruchs*. Gleiches gilt, sofern das Schiedsgericht eine Entscheidung *ablehnt* oder sich – sei es zu Recht oder zu Unrecht – für *nicht zuständig* erklärt[77].

Ein weiterer Grund ist ein das Schiedsverfahren abschließender („einstellender") *Beschluss*[78], und zwar infolge
- Nichteinreichung der Schiedsklage
- Rücknahme der Schiedsklage
- einvernehmliche Verfahrensbeendigung
- Nichtbetreiben des Verfahrens sowie
- der Unmöglichkeit der Verfahrensfortführung[79].

Darüber hinaus können die Parteien eine Schiedsabrede – weil Vereinbarung – jederzeit aufheben[80] oder die sich aus den allgemeinen Grundsätzen des Vertragsrechtes ergebenden Möglichkeiten – wie beispielsweise der *Anfechtung*, der *Kündigung*, des *Rücktritts* – zu Nutze machen[81]. Der Wegfall eines Schiedsrichters – gleich aus welchem Rechtsgrund – lässt allerdings von Gesetzes wegen die Schiedsvereinbarung als solche unberührt[82].

VII. Der Schiedsrichtervertrag

Mit der Schiedsabrede legen die Parteien des Hauptvertrages ihre „verfahrensrechtlichen" Beziehungen zueinander fest. Für ihr Verhältnis zu den jeweiligen Schiedsrichtern gilt dies nicht; hierzu bedarf es einer weiteren Vereinbarung.

Da eine ausdrückliche gesetzliche Regelung fehlt, bereitet die Einordnung in das Vertragssystem gewisse Schwierigkeiten. Übereinstimmend wird je-

---

76 Schütze, Rdnr. 231; Schwab/Walter, S. 67.
77 Eine „Unzuständigkeitserklärung" ist *kein* Schiedsspruch; deshalb besteht auch kein Rechtsbehelf nach § 1059 ZPO.
78 § 1056 Abs. 2 ZPO.
79 Im Einzelnen hierzu Schwab/Walter, S. 81 ff. und Schütze, Rdnr. 185 ff.
80 Auch „formlos" (Parteiherrschaft!).
81 Schütze, Rdnr. 127 und Schwab/Walter, S. 79, Rdnr. 9 ff.; z. B. Kündigung bei Nichtzahlung von Vorschüssen (Verarmung einer Partei).
82 Es sei denn, die Parteien vereinbaren etwas anderes (§ 1039 Abs. 2 ZPO).

doch – je nach Vergütung – Auftrags-/Dienstvertragsrecht (§ 662 ff., §611 ff. BGB) mit gewissen Modifikationen angewendet[83].

Der Schiedsrichtervertrag bedarf im Gegensatz zur Schiedsklausel *keiner* besonderen Form. Meist beschränkt sich das Ganze auf die „Annahme" des angetragenen Richteramtes und die Anzeige des Sachverhaltes durch die ernennende Partei an die andere Partei des Hauptvertrages. Damit kommt es nach herrschender Meinung zum Abschluss einer Vereinbarung zwischen dem Schiedsrichter auf der einen und den *Parteien* des Hauptvertrages auf der anderen Seite. Zwingend ist diese dogmatische Konstruktion, mit der vornehmlich die schiedsrichterliche Unabhängigkeit „gefasst" werden soll, allerdings nicht. Diese ist durch die *gesetzlichen* Bestimmungen ausreichend geschützt und gesichert (§ 1036 Abs. 1, 2 § 1034 Abs. 2 ZPO), sodass in der Sache nichts dagegen spricht, ausschließlich vertragliche Beziehungen zwischen der Partei und dem von ihr ernannten Schiedsrichter anzunehmen[84].

1. Die Annahme des angetragenen Amtes verpflichtet den Schiedsrichter zur *Tätigkeit,* das heißt zur „Durchführung des schiedsgerichtlichen Verfahrens bis zu dessen Abschluss"[85]. Diese Verpflichtung ist *höchst persönlich,* kann deshalb auch nicht auf andere Personen übertragen werden[86].

– Allerdings können die Parteien einen säumigen Schiedsrichter nicht durch Ordnungsgeld/Ordnungshaft zur Ausübung seines „Richteramtes" anhalten; eine „Erfüllungsklage" scheidet ebenfalls aus[87].

– Mit dem „freien und unabhängigen Richteramt" lassen sich derartige Vorgehensweisen nicht vereinbaren; deshalb sieht die gesetzliche Regelung lediglich vor, beim „staatlichen Gericht eine Entscheidung über die Beendigung des Schiedsrichteramtes zu beantragen" (§ 1038 Abs. 1 ZPO).

2. Der Schiedsrichter hat während des Verfahrens den Parteien *Auskunft* über den Stand des Verfahrens, mithin also auch *Akteneinsicht* zu geben; nach Abschluss die erhaltenen Unterlagen zurück zu reichen, Rechnung zu legen und das Erlangte herauszugeben[88].

---

83 Für die schiedsgerichtliche Praxis ist die Frage der „Rechtsnatur" ohne spezifische Bedeutung; zum Meinungsstand Schwab/Walter, S. 110 und Schütze, Rdnr. 49 ff.
84 Es ist jedenfalls nicht das Ende der privaten Schiedsgerichtsbarkeit, wenn die Parteien – je einen in ihrem Sinne befangenen – Schiedsrichter damit beauftragen, die Streitigkeit zusammen oder mit einem „neutralen" Obmann auf der Basis der Stimmenmehrheit zu entscheiden („Kompensationseffekt"); so zu Recht Eisemann, „L'arbitre-partie" in Liber Amicorum für Martin Domke, 1967, S. 78; im Übrigen siehe auch Geimer, Rdnr. 7 zu § 1036.
85 H. M.
86 §§ 613, 664 BGB.
87 H. M.
88 § 666 BGB.

3. Der Schiedsrichter ist im Übrigen zur Verschwiegenheit verpflichtet; dies gilt auch für die Wahrung des Beratungsgeheimnisses[89].
4. Der Schiedsrichter haftet den Parteien nach den Regeln des Vertragsrechts (§ 276 BGB) für *jedwedes Verschulden,* beispielsweise „für die mangelnde Offenlegung von Umständen, die gewisse Zweifel an seiner Unparteilichkeit oder Unabhängigkeit wecken können" (§ 1036 Abs. 1 ZPO)[90]. Dies gilt nicht für ein „Verschulden" bei Erlass des Schiedsspruches. Hier haftet der Schiedsrichter – gleich dem staatlichen Richter – nur in den Grenzen des § 889 Abs. 2 BGB[91]. Der Grund hierfür ist einleuchtend. Der Schiedsrichter muss und soll frei von etwaigen Regressansprüchen entscheiden können; andernfalls kann er seine Tätigkeit als „privater Richter" nicht ausüben.
5. Der Schiedsrichtervertrag ist verständlicherweise auch *kündbar;* eines wichtigen Grundes bedarf es insoweit nicht (§ 627 Abs. 1; § 671 Abs. 1 BGB)[92]. Die Kündigung muss allerdings immer von *beiden Parteien* des Hauptvertrages ausgehen, da der Vertrag – unbeschadet der jeweiligen Ernennung – als für beide Parteien geschlossen gilt und die Tätigkeit für beide Parteien geleistet werden soll. Darüber hinaus liegt in den gesetzlichen Fällen der „gemeinsamen Abberufung" im Zuge eines Ablehnungsverfahrens (§ 1037 Abs. 2 Satz 2 ZPO) und in Fällen der „gemeinsam erklärten Beendigung" des Schiedsrichteramtes bei Untätigkeit/Unmöglichkeit der Aufgabenerfüllung (§ 1038 Abs. 1 ZPO) zwangsläufig immer auch eine Kündigung des Schiedsrichtervertrages.
6. Der Schiedsrichter selbst ist aber – im strikten Gegensatz hierzu – an einer „freien" (jederzeitigen) Kündigung des Schiedsrichtervertrages gehindert; ein solches Recht würde seiner Stellung als „Richter kraft privaten Auftrages" zuwiderlaufen[93].

– Der Schiedsrichter kann gleichwohl zurücktreten (kündigen), wenn er abgelehnt wurde beziehungsweise in Fällen eigener Untätigkeit oder der Unmöglichkeit der schiedsrichterlich zu erfüllenden Aufgaben (§ 1037 Abs. 2, § 1038 Abs. 1 ZPO); darüber hinaus aber nur bei Vorliegen eines „wichtigen Grundes"[94], wie beispielsweise bei mangelndem Vertrauen, der Beleidigung oder einer fehlenden angemessenen Vorschusszahlung.

---

[89] Nicht vom Beratungsgeheimnis erfasst sind verständlicherweise Vorgänge *außerhalb* der Beratung und Abstimmung; insoweit ist also eine „Zeugenvernehmung" zulässig.
[90] H. M.
[91] Richterprivileg bei „Spruchtätigkeit".
[92] H. M.
[93] Hierzu Schwab/Walter, S. 124/125 und Schütze, Rdnr. 62 ff.
[94] H. M.

– Fehlt es an einem „wichtigen Grund", so führt die Weigerung, das Verfahren fortzuführen, zum *Schadenersatz;* darüber hinaus verliert der Schiedsrichter seinen Anspruch auf Vergütung.
6. Das Schiedsrichteramt endet (erlischt) im Übrigen regelmäßig mit „Zweckerreichung", das heißt: mit dem Abschluss des schiedsgerichtlichen Verfahrens[95]; im Übrigen mit dem Erlöschen der Schiedsvereinbarung[96] oder mit dem *Tod* des Schiedsrichters[97].

VIII. Vergütung des Schiedsrichters

Der Schiedsrichter wird das ihm angetragene Richteramt im Regelfall nur gegen Zahlung eines angemessenen Honorars übernehmen[98].
1. Da es eine verbindliche Gebührenordnung für Schiedsrichter nicht gibt, werden die Honorare von den Beteiligten ausgehandelt oder vom Schiedsgericht nach freiem Ermessen festgesetzt[99]. Im Allgemeinen werden jedoch die Gebühren der Rechtsanwälte als Vergleichsmaßstab herangezogen und von den Parteien als angemessen erachtet[100]. Dagegen ist nichts einzuwenden, kann aber im Hinblick auf die Struktur der anwaltlichen Gebührenordnung zu einer erheblichen Verteuerung des Verfahrens führen (Prozess-, Verhandlungs-, Beweis- und gegebenenfalls auch Vergleichsgebühr). Es empfiehlt sich daher, entweder schon bei der Abfassung der Schiedsklausel die Gebührenfrage gleich mit zu regeln oder die Höhe mit den in Aussicht genommenen Schiedsrichtern vorab zu klären, um spätere Misshelligkeiten auszuschließen [101].
2. Die Vergütung ist – sofern keine ausdrückliche Sonderregelung vereinbart ist – erst mit *Abschluss* des Schiedsverfahrens fällig[102]. Endet das Verfahren vorab – beispielsweise durch eine private Einigung der Parteien – so ist nur ein angemessener Teil der Vergütung verdient; Letzteres gilt verständlicherweise nur dann, wenn der Schiedsrichter die Beendigung seiner Tätigkeit nicht *selbst* zu vertreten hat[103].

---

95 § 1056 Abs. 3 ZPO.
96 Zum Beispiel aufgrund einer *Vereinbarung* der Parteien.
97 § 673 BGB.
98 Im Zweifel ist die Tätigkeit des Schiedsrichters *immer* vergütungspflichtig.
99 §§ 315, 316 BGB – eine Vergütung nach der Bundesrechtsanwaltgebührenordnung ist im Regelfall angemessen.
100 Zu den Sätzen siehe die Beispiele bei Lörcher S. 35 und Schütze Rdnr. 58.
101 Das Schiedsgericht wird die Frage der Honorierung entweder nach Konstituierung, spätestens aber vor Beginn der mündlichen Verhandlung ansprechen; zu diesem Zeitpunkt sind die Parteien aber kaum noch in der Lage, sich den Vorstellungen der Schiedsrichter zu entziehen.
102 Also erst mit der Erfüllung der „Förmlichkeiten" (§ 1053, § 1054 ZPO).
103 H. M.

3. Vergütungsschuldner sind die Parteien des Hauptvertrages („Gesamtschuldner"); auf ihre verfahrensrechtliche Stellung (Kläger / Beklagter) kommt es insoweit nicht an, ebenso wenig, ob der Schiedsspruch im Ergebnis rechtsbeständig bleibt oder nicht[104].
4. Der Schiedsrichter hat letztendlich auch Anspruch auf *Vorschuss* und *Auslagenersatz*[105]. Der Vorschuss sollte tunlichst das gesamt zu erwartende Honorar erfassen, da der Schiedsrichter nicht befugt ist, seinen Honoraranspruch gegen die Parteien *selbst* festzusetzen[106]. Die Kostenentscheidung des Schiedsspruches bindet im Übrigen nur die Parteien; deshalb scheidet auch jede Festsetzung zu Gunsten Dritter – Zeugen, Sachverständige u.a. – durch das Schiedsgericht aus[107]. Werden aber Vorschuss oder die zu erwartenden Kosten und Auslagen nicht bezahlt, so kann das Schiedsgericht – nach Ankündigung – seine Tätigkeit vorläufig einstellen oder letztendlich den Schiedsrichtervertrag kündigen[108].

IX. Bestellung und Abberufung des Schiedsrichters

Die Bildung des Schiedsgerichtes, mithin also die Bestellung des Schiedsrichters, untersteht der *Parteiendisposition*[109]. Diese können ihren „Fall" sowohl einem ad-hoc-Schiedsgericht („Gelegenheitsschiedsgericht") als auch einem ständigen, „institutionalisierten" Schiedsgericht unterbreiten[110].

1. Haben die Parteien insoweit nichts vereinbart, so bestellt jede Partei einen Schiedsrichter, die sich dann auf einen „Dritten" (Vorsitzenden/Obmann) zu verständigen haben[111]. Gelingt dies nicht und sieht auch die Schiedsabrede keine weitere Regelung vor, so wird dieser – auf Antrag einer Partei – durch das zuständige Oberlandesgericht bestimmt (§ 1035 Abs. 3; § 1072 Abs. 1 Satz 1 ZPO)[112]; für die Bestellung des „Einzelschiedsrichters" gilt – sofern die Parteien sich auch hier nicht einigen können – dasselbe.

---

104 H. M.
105 §§ 669, 670 BGB.
106 Das Verbot des Richtens „in eigener Sache"; gilt auch für die Festsetzung des Streitwertes, vgl. hierzu BGH, NJW 1985, S. 1903.
107 Schwytz, BB 1974, S. 675; im Übrigen Schwab/Walter, S. 349 und Schütze, Rdnr. 227.
108 Zutreffend Schwab/Walter, S. 120.
109 § 1035 Abs. 1 ZPO.
110 Hierzu Schwab/Walter, S. 6 ff.
111 § 1035 Abs. 3 Satz 2 ZPO.
112 Die gesetzlichen Vorgaben sind stets „subsidiär".

2. Ist die Bestellung des Schiedsgerichtes aber *abweichend* von den gesetzlichen Vorgaben geregelt, so muss das Verfahren dem Gebot der „überparteilichen Rechtspflege" entsprechen (§ 1034 Abs. 2 ZPO)[113].
– Unzulässig ist es deshalb, wenn nur eine Partei den Schiedsrichter oder die Mehrzahl der Schiedsrichter ernennt[114]. Zulässig – wenn auch nicht unbestritten – ist der Übergang des Benennungsrechts auf die jeweilig andere Partei, sofern die Verpflichtete nicht innerhalb der in der Schiedsabrede festgelegten Frist von ihrem Benennungsrecht Gebrauch macht[115].
– Zulässig ist auch die Festlegung, dass die Schiedsrichter nur aus einer von einem Verband, einem Verein oder einer Schiedsorganisation erstellten Liste ausgewählt werden können, sofern sich hieraus nicht ein „institutionelles Übergewicht" einer Partei ergibt[116]. Dies ist beispielsweise der Fall, wenn das zu bildende Schiedsgericht letztendlich nur oder mehrheitlich aus „Verbandsmitgliedern" besteht, in der Sache aber einen Fall zwischen einem Mitglied und einem „außenstehenden Dritten" zu entscheiden hat[117].

Zwingend sind diese Überlegungen, schon aus dem Bestellungsakt/Bestellungsverfahren als solchem, auf eine „unzulässige" Besetzung der Richterbank zu schließen, allerdings nicht. Die jeweils andere Partei kann – aus welchen Gründen auch immer – ein Interesse daran haben, sich dem benannten Schiedsrichter oder einem „Verbandsschiedsgericht" zu stellen, um sich beispielsweise dessen spezielle Sachkunde zu sichern. Dies kann ihr zu keinem Zeitpunkt verwehrt werden, egal, ob sie diese Entscheidung *im Nachhinein* – also nach Entstehen der Streitigkeit und in Kenntnis der Sachlage – durch eine gesonderte Vereinbarung mit der anderen Partei trifft[118] oder ob sie sich – im Vorhinein – den Vorgaben und Festlegungen der benennenden (bestellenden) Partei zunächst einmal „unterwirft". Entscheidend ist in beiden Fällen: sie muss es nicht! Tut sie es trotzdem, so ist dies zunächst einmal ihre eigene Angelegenheit; dies gilt auch für den

---

113 Nach Geimer, Rdnr. 9 zu § 1034 gebietet es bereits die Verfassung bei der Ausgestaltung des „Ernennungsverfahrens" die Unparteilichkeit der Schiedsrichterbank sicher zu stellen.
114 Geimer, a.a.O.; Schwab/Walter, S. 88 ff.
115 Die vom Bundesgerichtshof vorgenommene Differenzierung – bei einem „Inlandsfall" einen Verstoß gegen den ordre public anzunehmen (BB 1970, S. 1504), bei einem „Auslandsfall" eine derartige Ersatzbestellung aber zuzulassen (NJW 1988, S. 3027) – ist nicht nachvollziehbar und abzulehnen. Die Ersatzbestellung ist in beiden Fällen Folge der *schuldhaften Versäumnis* der anderen Partei.
116 Hierzu und zum Folgenden – Schwab/Walter, S. 89 ff. mit weiteren Nachweisen.
117 Andere Meinung OLG Hamburg, MDR 1975, S. 409 ff. mit zustimmender Anmerkung von Bettermann: keine „grundsätzliche Befangenheit".
118 So ausdrücklich auch Schwab/Walter, S. 90. Die Beschränkung auf eine zulässige Festlegung „im Nachhinein" ist allerdings nicht überzeugend.

Fall der „Besetzung der Richterbank"[119]. Die jeweils andere Partei und damit auch das „Nichtmitglied" haben – von Gesetzes wegen – genügend Möglichkeiten, sowohl auf die *Besetzung* der Schiedsrichterbank Einfluss zu nehmen als auch gestellte / vorgegebene Schiedsrichter wegen des Besorgnisses der Befangenheit abzulehnen. Der staatliche Richter sorgt – bei entsprechendem Antrag (sic!) – für eine ausgewogene, unparteiische und unabhängig besetzte Richterbank (§ 1034 Abs. 2; § 1035 Abs. 5 ZPO). Mit diesen – im Gesetz verankerten Möglichkeiten – ist das den Parteien entzogene, also nicht disponible öffentliche Interesse einer ordnungsgemäßen, wenn auch privat gestalteten Gerichtsbarkeit, ausreichend gefasst und gesichert. Ein „darüber hinaus" ist demgegenüber weder erforderlich noch aus eben diesen Gründen geboten.

3. Die Parteien werden verständlicherweise immer bemüht sein, Personen „ihres Vertrauens" als Schiedsrichter zu bestellen[120]. Deshalb ist den Parteien im Gegenzug auch ein weitreichendes „Ablehnungsrecht" (§ 1036 Abs. 2 ZPO) zugestanden und der Schiedsrichter darüber hinaus verpflichtet, „mögliche" Ablehnungsgründe offen zu legen (§ 1036 Abs. 1 ZPO).

– „Offen" zu legen ist danach alles, was *Zweifel* an der Unparteilichkeit / Unabhängigkeit des Schiedsrichters hervorrufen kann[121]. Dies zu beurteilen kann im Einzelfall durchaus schwierig sein, zumal „Offenlegen" nicht zwangsläufig bedeutet, dass tatsächlich ein Ablehnungsgrund besteht[122].

– Die Ablehnung des „privaten" Richters ist unbeschadet dessen aus denselben Gründen möglich, aufgrund derer ein „staatlicher" Richter vom Richteramt ausgeschlossen ist oder wegen des Besorgnisses der Befangenheit abgelehnt werden kann (§ 41, § 42 ZPO)[123].

– Was das „Verfahren" angeht, so können die Parteien dies wiederum selbstständig regeln; ansonsten befindet zunächst das Schiedsgericht über die Ablehnung. In beiden Fällen ist aber für die erfolglos ablehnende Partei der Weg zu den *staatlichen Gerichten* eröffnet, das heißt: der staatliche Richter hat – so gesehen – immer das „letzte Wort"[124]. Ist

---

119 Volenti non fit injuria; so zu Recht Bettermann, a.a.O.: „Es ist geradezu absurd, wenn man dem Nichtmitglied verbieten will, seinen Streit von dem vereinbarten Verbandsschiedsgericht entscheiden zu lassen".
120 Siehe Rdnr. 84.
121 Die Verpflichtung besteht beiden Parteien gegenüber und streckt sich über das ganze Verfahren.
122 So Geimer, Rdnr. 9 zu § 1036 und Schütze, Rdnr. 39.
123 Das Gesetz erwähnt die §§ 41 ff. ZPO nicht; deren Tatbestände begründen jedoch im Regelfall „Zweifel"; im Einzelnen hierzu Schwab/Walter, S. 130 ff.
124 § 1037 Abs. 3 in Verbindung mit § 1062 Abs. 1 Nr. 1 ZPO.

auch dieser Weg erfolglos, so ist der reklamierte Grund *endgültig* erledigt, kann also im Aufhebungs- und/oder Vollstreckbarkeitserklärungsverfahren nicht mehr geltend gemacht werden; Gleiches gilt, sofern die ablehnende Partei eine Entscheidung des staatlichen Richters überhaupt *nicht* beantragt („doppelte Präklusion")[125].

---

125 Die ablehnende Partei ist demnach gehindert, *zunächst* einmal den Ausgang des Schiedsverfahrens abzuwarten, um *dann* im Aufhebungs- und/oder Vollstreckbarkeitserklärungsverfahren den Ablehnungsgrund doch noch geltend zu machen; hierzu im Einzelnen Geimer, Rdnr. 6 zu § 1037 und Schwab/Walter, S. 138; differenzierend BGH, NJW 1999, S. 2370: allenfalls „in besonders schweren Ausnahmefällen", grundsätzlich haben aber – so der Bundesgerichtshof – die Prinzipien der Rechtssicherheit und des Rechtsfriedens Vorrang.

X. Mustertexte

A

1. Schiedsklausel (Kurzfassung)

Alle Streitigkeiten aus und/oder in Verbindung mit der Vereinbarung vom .... (Bezeichnung) oder deren Gültigkeit werden unter Ausschluss des ordentlichen Rechtsweges endgültig durch ein *Schiedsgericht* entschieden.

2. Schiedsklausel (unter Verweis auf eine Schiedsordnung)

Alle Streitigkeiten aus oder in Verbindung mit der Vereinbarung vom .... (Bezeichnung) ... oder deren Gültigkeit werden unter Ausschluss des ordentlichen Rechtsweges endgültig nach der Schiedsgerichtsordnung des .... (nähere Bezeichnung – z. B. der deutschen Institution für Schiedsgerichtsbarkeit e.V./DIS) – entschieden.

3. In beiden Fällen empfehlen sich folgende Ergänzungen:

Die Anzahl der Schiedsrichter beträgt .....

Das Schiedsgericht entscheidet nach materiellem (deutschem) Recht.

Der Ort des schiedsgerichtlichen Verfahrens ist .....

Die Sprache des schiedsgerichtlichen Verfahrens ist ....

B

Schiedsklausel (ausführliche Fassung)

§ 1 Alle Streitigkeiten aus und in Verbindung mit der Vereinbarung vom .... oder dessen Gültigkeit werden unter Ausschluss des ordentlichen Rechtsweges endgültig durch ein Schiedsgericht entschieden.

§ 2 Das Schiedsgericht wird für jeden Streitfall gesondert gebildet; es besteht aus 2 Schiedsrichtern und 1 Obmann.

    a) Jede Partei ernennt einen Schiedsrichter; die genannten Schiedsrichter wählen einen Obmann, der die Befähigung zum Richteramt haben muss.

    b) Benennt eine Partei innerhalb von 30 Tagen keinen Schiedsrichter oder können sich die beiden Schiedsrichter innerhalb 30 Tagen nach Benennung des zweiten Schiedsrichters nicht über die Person des Obmannes verständigen, so wird der Schiedsrichter beziehungsweise der Obmann durch .... (z. B. der Präsident der Industrie- und Handelskammer ......) ernannt.

    c) Kann ein ernannter Schiedsrichter sein Amt nicht antreten oder fällt er nachträglich weg, so hat die ernennende Partei binnen 14 Tagen einen weiteren Schiedsrichter zu benennen. Kommt die Partei dieser Frist nicht nach, so wird dieser Schiedsrichter durch .... (z. B. den Präsidenten der Industrie- und Handelskammer von ......) ernannt. Gleiches gilt, sofern sich die Parteien innerhalb der benannten Frist nicht auf einen neuen Obmann verständigen können.

§ 3 Schiedsrichter und Obmann haben sich nach Bekanntgabe ihrer Ernennung unverzüglich über die Annahme des ihnen angetragenen Amtes zu erklären.

    a) Sie sind verpflichtet, das Amt abzulehnen, wenn bei ihnen einer der Fälle vorliegt, die den staatlichen Richter von der Ausübung des Richteramtes ausschließen (§ 41 ff. ZPO).

    b) Sie haben ferner den Parteien unverzüglich Mitteilung zu machen, wenn bei ihnen nachträglich ein derartiger Fall eintritt oder ihnen Umstände bekannt werden, die ihre Ablehnung oder die Besorgnis der Befangenheit rechtfertigen können.

§ 4 Lehnt eine Partei den von der Gegenseite ernannten Schiedsrichter oder den Obmann ab, so hat sie dies innerhalb einer Ausschlussfrist von 14 Tagen nach Bekanntwerden des Ablehnungsgrundes dem Schiedsgericht anzuzeigen; andernfalls gilt der Schiedsrichter beziehungsweise der Obmann als bestätigt.

Eine Partei kann einen Schiedsrichter / oder den Obmann nicht mehr ablehnen, wenn sie sich, ohne den ihr bekannten Ablehnungsgrund geltend zu machen, vor dem Schiedsgericht in eine Verhandlung eingelassen und/oder Anträge gestellt hat. Nach Antragstellung und/oder Verhandlung ist in jedem Falle glaubhaft zu machen, dass der Ablehnungsgrund erst später entstanden oder der ablehnenden Partei erst später bekannt geworden ist.

Erklärt sich die jeweils andere Partei mit der Ablehnung einverstanden oder legt der Schiedsrichter sein Amt nach Ablehnung nieder oder ist dem Ablehnungsantrag stattgegeben worden, so ist ein Ersatzschiedsrichter zu benennen; für dessen Benennung / Bestellung sind die vorstehend genannten Regelungen entsprechend anzuwenden.

§ 5 Wünscht eine Partei die Einhaltung eines schiedsgerichtlichen Verfahrens, so hat sie dies der anderen Partei mittels eingeschriebenen Briefes anzuzeigen. Das Schreiben muss den Streitfall darlegen, den Grund des erhobenen Anspruches benennen und einen bestimmten Antrag enthalten.

Die betreibende Partei hat in diesem Zusammenhang den von ihr bestellten Schiedsrichter bekannt zu geben und die andere Partei aufzufordern, innerhalb der vereinbarten Frist einen Schiedsrichter zu benennen; dieser Aufforderung ist auch dann zu entsprechen, sofern der benannte Schiedsrichter abgelehnt wird.

Auf das Verfahren sind die zwingenden Vorschriften über das schiedsgerichtliche Verfahren der Zivilprozessordnung, die vorliegende Schiedsklausel sowie gegebenenfalls weitere Vereinbarungen der Parteien anzuwenden; im Übrigen bestimmt das Schiedsgericht, das Verfahren nach freiem, pflichtgemäßem Ermessen.

Das Schiedsgericht hat den zugrunde liegenden Sachverhalt zu ermitteln; hierzu kann es nach seinem Ermessen Anordnungen treffen, Zeugen und Sachverständige vernehmen und die Vorlage von Urkunden anordnen. An die Beweisanträge der Parteien ist das Schiedsgericht nicht gebunden.

Das Schiedsgericht hat darauf hinzuwirken, dass die Parteien sich über alle erheblichen Tatsachen vollständig erklären und sachdienliche Anträge stellen; bei jedem Stand des Verfahrens ist den Parteien rechtliches Gehör zu gewähren.

§ 6 Die Mitglieder des Schiedsgerichtes erhalten für ihre Tätigkeit eine Vergütung. Die Pauschale beträgt für jeden einzelnen Schiedsrichter drei 13/10 Gebühren für den Obmann, drei 16/10 Gebühren nach der Bestimmung der Gebührentabelle zur Bundesrechtsanwaltsgebührenordnung. Damit sind sämtliche Ansprüche ausschließlich der entstandenen oder nachgewiesenen Spesen und Auslagen abgegolten; für deren Bezifferung gelten die Gebühren der Bundesrechtsanwaltsgebührenordnung entsprechend.

§ 7 Das Schiedsgericht kann die Durchführung des Verfahrens davon abhängig machen, dass Vorschüsse auf die zu erwartenden Kosten gezahlt werden; als Vorschuss können das volle Schiedsrichterhonorar und die voraussichtlichen Auslagen / Spesen zuzüglich der jeweils geltenden gesetzlichen Mehrwertsteuer angesetzt werden.

§ 8 Das Schiedsgericht entscheidet nach materiellem deutschen Recht. Der Schiedsspruch und jedwede sonstige Entscheidung des Schiedsgerichtes werden mit Stimmenmehrheit gefasst.

Der Schiedsspruch ist schriftlich zu erlassen, von den Schiedsrichtern zu unterschreiben und zu begründen, sofern hinsichtlich der Begründung die Parteien nichts anderes vereinbart haben oder es sich um einen Schiedsspruch „mit vereinbartem Wortlaut" (Schiedsvergleich) handelt.

Der Schiedsspruch hat die vollständige Bezeichnung der Parteien, ihre Prozessbevollmächtigten und die Namen derjenigen Schiedsrichter zu enthalten, die ihn erlassen haben; außerdem ist der Ort des schiedsgerichtlichen Verfahrens und der Tag, an dem der Schiedsspruch erlassen wurde, anzugeben.

Sofern die Parteien insoweit nichts anderes vereinbart haben, entscheidet das Schiedsgericht auch darüber, welche Partei die Kosten des schiedsgerichtlichen Verfahrens einschließlich die den Parteien erwachsenen und zur zweckentsprechenden Rechtsverfolgung notwendigen Kosten zu tragen hat; hierbei sind die Grundsätze der Zivilprozessordnung (§ 91 ff. ZPO) zu beachten.

Soweit die Kosten des schiedsgerichtlichen Verfahrens feststehen, entscheidet das Schiedsgericht auch darüber, in welcher *Höhe* die Parteien diese zu tragen haben; ist dies bei Erlass des Schiedsspruches noch nicht möglich, so entscheidet hierüber das Schiedsgericht durch gesonderten Schiedsspruch.

Der Schiedsspruch ist den Parteien in Urschrift und zusätzlich in der von den Parteien erbetenen Anzahl von Ausfertigungen unverzüglich nach Erlass zur Verfügung zu stellen; die Übersendung kann so lange unterbleiben, bis die Kosten des schiedsgerichtlichen Verfahrens vollständig bezahlt sind.

§ 9 Der Schiedsspruch ist endgültig und hat unter den Parteien die Wirkung eines rechtskräftigen gerichtlichen Urteiles.

Die Aufhebung des erlassenen Schiedsspruches durch das zuständige staatliche Gericht berührt den Ausschluss des ordentlichen Rechtsweges nicht. Die Parteien können ihre vermeintlichen Ansprüche nur im Rahmen eines weiteren (neuen) schiedsgerichtlichen Verfahrens geltend machen.

Die bisher tätig gewordenen Schiedsrichter und Obmann sind indes von jedweder weiteren Mitwirkung ausgeschlossen; im Übrigen gelten die Bestimmungen der vorliegenden Schiedsvereinbarung.

C

Gebührenregelung für Schiedsrichter

1. Pauschalierung

Jedes Mitglied des Schiedsgerichtes erhält für seine Tätigkeit eine Vergütung.

Die Pauschale beträgt für den Schiedsrichter drei 13/10 Gebühren, für den Obmann beziehungsweise den Einzelschiedsrichter drei 16/10 Gebühren nach den Festlegungen der Gebührentabelle zur Bundesrechtsanwaltsgebührenordnung.

Damit sind sämtliche Ansprüche, ausschließlich der entstandenen Kosten und nachgewiesenen Spesen und Auslagen, abgegolten. Diese berechnen sich nach den Bestimmungen der Bundesrechtsanwaltsgebührenordnung.

2. Vergütung unter Verweis auf die Bundesrechtsanwaltsgebührenordnung

Die Mitglieder des Schiedsgerichtes erhalten für ihre Tätigkeit eine Vergütung; diese bestimmt sich nach Maßgabe der Gebühren eines Rechtsanwaltes für die Vertretung einer Partei in bürgerlichen Rechtsstreitigkeiten.

Die volle Gebühr des Schiedsrichters beträgt 13/10, die des Obmannes oder des Einzelschiedsrichters 16/10 entsprechend der Gebührentabelle der Bundesrechtsanwaltsgebührenordnung.

Damit sind alle Ansprüche, ausschließlich der entstandenen und nachgewiesenen Spesen und Auslagen, abgegolten. Diese berechnen sich nach den Bestimmungen der Bundesrechtsanwaltsgebührenordnung.

3. Bemerkung

Die vorstehend ausgewiesenen Gebührensätze können bei nationalen Schiedsgerichten als durchaus üblich und angemessen bezeichnet werden. Die „Pauschalierung" dient zur Vermeidung unnötiger Beweisaufnahmen; außerdem entspricht der Wegfall der „Vergleichsgebühr" (§ 23 BRAGO) dem Geist des schiedsgerichtlichen Verfahrens, wonach das Zustandebringen einer Einigung als „nobile Offizium" verstanden wird, das keiner gesonderten Honorierung bedarf.

XI. Ausgewählte Literatur

Gentinetta	Die lex fori internationaler Handelsschiedsgerichte, 1973.
Henn	Schiedsverfahrensrecht, 3. Auflage 2000.
Lörcher/Lörcher	Das Schiedsverfahren – national/international – nach neuem Recht, 1998.
Materialien	Gründung zur Novellierung der §§ 1025–1066 ZPO; BT-Drucks. 13/5274
Raeschke/Kessler/ Berger	Recht und Praxis des Schiedsverfahrens, 3. Auflage 1999.
Schlosser	Das Recht der internationalen privaten Schiedsgerichtsbarkeit, 2. Auflage 1989.
Schütze	Schiedsgericht und Schiedsverfahren, 2. Auflage 1998.
Schwab/Walter	Schiedsgerichtsbarkeit, 6. Auflage 2000.
Zöller	Zivilprozessordnung, 22. Auflage 2001, zitiert *Geimer* ... .

Notizen

Heidelberger Musterverträge auf CD-ROM

1 Arbeitsrecht
ISBN 3-8005-4901-8

Marienhagen/Andritzky
Dauerarbeitsverträge (HMV 3)

Andritzky
Befristete Arbeitsverträge (HMV 1)

Boemke/Kaufmann
Der Telearbeitsvertrag (HMV 100)

Pulte/Mensler
Variable Arbeitszeitgestaltung (HMV 98)

Brötzmann/Martiny
Der Jahresarbeitszeitvertrag (HMV 87)

Streit
Freie Mitarbeit (HMV 93)

2 Familien- und Erbrecht
ISBN 3-8005-4902-6

Tzschaschel
Eheverträge (HMV 61)

Tzschaschel
Vereinbarungen bei nichtehelichen Lebensgemeinschaften (HMV 70)

Tzschaschel
Vereinbarungen bei Trennung und Ehescheidung (HMV 71)

Tzschaschel
Das private Einzeltestament (HMV 14)

Tzschaschel
Das private Ehegattentestament (HMV 15)

Beisswingert/Klinghöffer
Testamentsvollstreckung (HMV 78)

3 Gesellschaftsrecht
2. Edition
ISBN 3-8005-4904-2

Tzschaschel
Die Gesellschaft bürgerlichen Rechts (HMV 51)

Ripfel/Rastätter
Die Satzung der GmbH (HMV 7)

Klamroth
Der GmbH-Geschäftsführer-Vertrag (HMV 36)

Klamroth
Die GmbH & Co. KG (HMV 56)

Klamroth
Die Kommanditgesellschaft (HMV 9)

Korts/Korts
Die Kleine Aktiengesellschaft (HMV 90)

4 Miete, Pacht, Wohnungseigentum
ISBN 3-8005-4905-0

Wetekamp
Wohnraummietvertrag (HMV 102)

Wilke
Geschäftsraummiete (HMV 31)

Knoppe
Verpachtung eines Gewerbebetriebes (HMV 32)

Welmar/Hofmann
Verwaltervertrag für Wohnungseigentum (HMV 49)

Weimar/Hofmann
Verwaltervertrag für Mietwohnungen (HMV 54)

Tzschaschei
Die Teilungserklärung nach dem Wohnungseigentumsgesetz (HMV 66)

Verlag Recht und Wirtschaft

Heidelberg